AF267994

HISTOIRE

DE LA LOI DES ÉLECTIONS

ET

DES PROJETS DU GOUVERNEMENT.

HISTOIRE

DE

LA LOI DES ÉLECTIONS

ET

DES PROJETS DU GOUVERNEMENT;

PAR A. MAHUL.

PARIS.

A LA LIBRAIRIE CONSTITUTIONNELLE

DE BAUDOUIN FRÈRES,

RUE DE VAUGIRARD, N° 36.

DELAUNAY, AU PALAIS-ROYAL.

1820.

HISTOIRE

DE LA LOI DES ÉLECTIONS

ET

DES PROJETS DU GOUVERNEMENT.

L_A France se trouve placée dans une position grave et difficile. Des intérêts opposés, des opinions puissantes et hostiles veulent l'entraîner en sens divers. Divisés sur chaque point, nous sommes tous d'accord sur un seul ; et ce point unique, c'est qu'il y a péril dans notre situation. Une ef-frayante unanimité se manifeste à cet égard : on le proclame à gauche ; on le prophétise à droite ; on l'avoue au centre ; et néanmoins, de tous les côtés, on s'avance au moins avec l'extérieur de la confiance, soit que de tous les côtés l'on espère en la bonne fortune de la patrie, soit peut-être qu'il règne partout un sentiment de conviction que, dans ce haut degré de perfectionnement où touche notre organisation sociale, quels que soient les

malheurs possibles, l'esprit d'oppression et de ven-
geance ne pourrait se manifester aujourd'hui, sans
être frappé d'un subit anéantissement. En dépit
de nos calamités, chacun a pressenti que la France
est promise à un long avenir de justice et de liberté, et c'est pour cela, sans doute, qu'on repousse
avec tant d'énergie tout ce qui semble le menacer
ou même en retarder l'accomplissement.

Depuis plus de trois ans, nous sommes gouvernés
dans un système d'incertitude et d'hésitation. Une
loi d'élection forte et nettement prononcée nous
en promettait la fin. Adoptée avec transport par
cette notable partie de la France, dont elle protège
les intérêts, depuis le jour de sa naissance, un
parti puissant n'a cessé de protester contre elle
avec violence. Après de nombreux combats, nous
sommes enfin parvenus à la dernière action : dès
long-temps la lutte est engagée, chaque jour
irrite son ardeur; mais par l'effet de diverses circonstances, elle est encore incertaine.

Cependant, notre situation veut un dénoûment;
l'éloignement de MM. Dessoles, Gouvion-Saint-Cyr
et Louis, tous trois prononcés en faveur de la loi
des élections; la rentrée de MM. Pasquier et Roy dans
le cabinet, semblèrent d'abord annoncer ce dénoûment dans un sens positif, et, définitivement, il sera
tel. Mais, dès le premier jour de son existence,
par son attitude immobile ou incertaine, le dernier ministère avoua tacitement qu'il n'était qu'un

épisode ou plutôt une transition. Renversé par un coup aussi atroce qu'inattendu, il a légué au ministère actuel son système avec ses projets. Encore du provisoire; car ce nouveau ministère, s'il succombe, devra céder la place aux hommes qui auront défendu la loi des élections; s'il triomphe, il ne tardera pas à remettre le pouvoir qu'il semble ne posséder qu'en dépôt, ou entre les mains de ceux qui, ayant toujours combattu la loi des élections et le système dont elle est à la fois la base et la conséquence, devraient naturellement hériter de la victoire qu'eux seuls auront décidée; ou plutôt, puisqu'une expérience récente vient de prolonger indéfiniment la minorité politique des hommes du côté droit, le pouvoir retombera dans les mains habiles, mais trop souvent versatiles, de celui qui après avoir apporté à la Chambre des députés le nouveau projet électoral, s'est retiré ensuite, comme pour ôter tout obstacle à son passage. Maintenant, si, d'un côté, la décision à intervenir ne peut être définitive et avoir des effets immédiats et durables, qu'autant qu'elle aura lieu dans un sens prononcé; d'autre part, tout concourt, et au dedans et au dehors des Chambres, à rendre douteuse l'issue de la lutte. Au moment où elle va se décider, il est bon d'en bien reconnaître le terrain, d'en préciser les motifs et l'objet, d'en pressentir la solution; mais il faut d'abord étudier attentivement les circonstances politiques qui l'ont amenée, pour la suivre dans ses développemens avec plus d'exactitude et de précision.

Les défenseurs de notre loi des élections, auxquels il est échappé de dire que, placés dans la nécessité de l'option, ils ne balanceraient pas à préférer la loi des élections à la Charte, n'ont fait qu'énoncer, avec franchise, une opinion qui est au fond de la pensée des hommes de tous les partis, parce qu'elle est dans la nature des choses. C'est dans la loi électorale qu'est la vie de tout gouvernement constitutionnel ; c'est elle qui engendre toutes les autres lois, et qui élève au pouvoir les hommes chargés de leur garde et de leur exécution. Dans le langage de la politique moderne, un gouvernement n'est constitutionnel, que parce qu'il est représentatif ; en telle sorte que l'on conçoit bien l'existence et la possibilité d'un tel gouvernement, avec l'absence ou la suspension de quelques-uns des droits fondamentaux qu'il consacre, mais non avec l'absence de l'élection des députés du peuple. Au reste, le ministère, le premier, a déclaré assez ouvertement qu'il partageait l'avis de ceux qui ne craignent pas d'avouer, qu'en cas de danger, ils sacrifieraient la Charte à la loi des élections, puisque, dans ses projets législatifs, il n'hésite pas d'en venir à une extrémité qui, dans la bouche des écrivains dont nous parlons, fut tout-à-fait hypothétique, et que même ils se plaisaient à supposer inadmissible. Les ultra-royalistes

sont loin de troubler cette unanimité ; car aujour-
d'hui qu'ils possèdent la Charte, ils déclarent
néanmoins que tout est perdu, si la loi des élections reste debout ; tandis qu'il n'est aucun d'eux
qui ne se charge de sauver la monarchie avec une
loi électorale conforme à leur système. Cela prouve,
au moins, que sans une bonne loi d'élection, la
Charte n'est rien ; tandis qu'avec cette loi seule,
si elle est juste et sage, les bases et l'ensemble de
la constitution politique seront solidement garantis.
Je me suis arrêté sur ce raisonnement, pour prou-
ver que, lorsqu'on propose de changer la loi des
élections, il ne s'agit pas simplement d'une question législative, mais de l'existence tout entière ;
du présent et de l'avenir !

Bonaparte, qui avait une horreur intime pour
toute influence populaire ou représentative dans
le gouvernement, fut doué en même temps d'un
instinct merveilleux pour en éluder les conséquences ;
avec son système d'élection, les membres du corps
législatif, après avoir passé par la filière de nombreuses candidatures, venaient siéger, élus définitivement par les sénateurs, qui, eux-mêmes, étaient,
en dernier lieu, les élus de l'empereur. On voit donc
que celui-ci ne raisonnait pas trop mal, lorsqu'au
mois de décembre 1814, il disait au corps législatif : *Vous n'êtes point les représentans de la nation ; vous êtes les députés des départemens.* A
l'époque de la restauration, ces députés des dépar-

temens se trouvèrent investis, par la nécessité des choses, du pouvoir de nous faire des lois politiques : la plus urgente semblait être la loi des élections ; un ministère qui eût songé franchement à rétablir l'ordre constitutionnel, et qui se fût senti capable de l'existence, se serait empressé de légaliser, si on peut le dire, la source du pouvoir législatif, par une loi d'élection, et de jeter avec elle les fondemens d'un système politique. Mais en 1814, il y eut des ministres, et il n'y eut point de ministère. Au reste il aurait été malheureux qu'une assemblée équivoque, méticuleuse et indécise, telle que fut celle de 1814, eût entrepris de nous donner une loi d'élection ; elle l'aurait infailliblement empreinte de cette débilité dont elle-même était atteinte ; et cependant, faute d'autre, peut-être, se serait-on contenté d'une loi qui pourtant aurait pu frapper de langueur la liberté renaissante.

Après les cent jours, lorsqu'il fallut appeler une Chambre des députés, on se trouvait sans moyen légal pour la composer. Dans cet embarras, on se souvint des colléges électoraux de Bonaparte ; mais le temps et les révolutions les avaient tout-à-fait décomplétés. Alors, on imagina, pour les porter au complet, de faire nommer des électeurs par arrêté des préfets. Cet expédient devrait paraître burlesque, s'il n'était plutôt déplorable. En effet, il n'aboutissait à rien, qu'à désorganiser les colléges électoraux un peu plus qu'ils ne l'étaient déjà. Pourquoi fixe-t-on d'avance, par une loi, les conditions, qui d'un citoyen font un électeur? c'est afin que la puissance du Gouvernement, ou celle des partis, ne président pas exclusivement aux choix des hommes qui doivent exprimer les opinions et représenter les intérêts de leur département. Sans doute, des colléges électoraux incomplets n'eussent pas été des organes entièrement exacts de l'opinion publique ; complétés par les préfets, ils conservèrent leur inexactitude primitive, augmentée de tout ce que les délégués du pouvoir, et le parti sous l'influence duquel ils se trouvaient tous *placés, y introduisirent de factice et de mensonger. Ajoutez qu'un pareil mode ne peut être justifié par la plus légère apparence de légalité ; à lui seul il est un coup d'État d'autant plus funeste, qu'il pourrait un jour être invoqué comme précédent, dans des momens de crise et d'anarchie. Remarquons, en passant, que c'est sur des députés, produits par de semblables élections, que le ministère compte, pour les deux tiers au moins de sa majorité : imprudens, qui devraient bien plutôt, à force de sagesse et de popularité, légitimer un titre qui, tel que les usurpations, s'appuie sur deux bases également ruineuses, le fait de la possession, et le pouvoir précaire de se la conserver.

Je ne parlerai de la Chambre de 1815 que parce qu'un projet de loi d'élection lui fut présenté.

L'histoire de la politique et celle de la législation ont, comme toutes les autres, leurs incidens ridicules. Le projet de loi électorale de M. de Vaublanc, occupe incontestablement un rang très-distingué dans cette cathégorie. Personne n'a oublié le large emplacement qu'il avait réservé, dans les colléges électoraux, pour les archevêques, les évêques, les professeurs de Théologie, et même pour les curés de cantons ; en outre, le rédacteur du projet faisait une conscription en masse de tous les fonctionnaires publics nommés et révocables par le pouvoir, pour les consti uer organes des intérêts et des opinions des hommes indépendans du Gouvernement. Quelqu'attrayant que dut être, pour le côté droit, la partie ecclésiastique du projet, les hommes forts de ce parti, dans la Chambre des députés, et M. de Villèle à leur tête, qui fut choisi pour être rapporteur de la loi, sentirent qu'il allait droit à organiser le despotisme ministériel. En conséquence, le projet du Gouvernement fut bouleversé de fond en comble par la commission de la Chambre, de manière à donner à la grande propriété toute l'influence que lui souhaitaient les vœux du côté droit. La loi ainsi déchiquetée et restaurée, fut apportée à la Chambre des pairs. La majorité du ministère, ou plutôt le ministre qui déjà exerçait une grande influence, n'approuvait qu'à demi le projet originel ; les altérations qu'il avait subies, servirent de prétexte pour l'abandonner à son propre crédit, lors de cette seconde épreuve; il fut rejeté. On s'était brouillé avec la Chambre des députés; son énergie toujours croissante, inquiétait le Gouvernement, presqu'autant que les citoyens. On se décida à la congédier, avant d'avoir obtenu une loi d'élection pour exécuter l'article de la Charte qui prescrivait impérieusement dès cette même année le renouvellement d'un cinquième.

La Chambre de 1815 céda à l'action constitutionnelle du pouvoir exécutif; elle se retira, et bientôt, par l'effet de circonstances connues et qu'il n'est pas dans mon sujet de développer, l'ordonnance du 5 septembre vint la frapper. Elle tomba, mais terrible et menaçante ; la France serait-elle destinée a être un jour immolée à ses mânes ?

Cependant on procéda à une réélection générale, et l'on se vit contraint d'employer encore une fois, faute d'autre, l'instrument électoral existant. Les électeurs, élus par les préfets, furent une seconde fois proclamés, en dépit du bon sens, les élus du peuple et les représentans de son opinion. Une grande commotion fut donnée au corps politique, et il parut reprendre un instant toute son énergie. Les hommes et les intérêts de la révolution, depuis long-temps opprimés ou proscrits, osèrent s'avouer eux-mêmes et se défendre ; tandis que les royalistes prirent décidément une attitude hostile contre le gouvernement de Louis XVIII.

A cette même , époque M. de Chateaubriand leur communiqua, par ses écrits, toute la chaleur de sa tête, et ces écrits doivent d'autant plus être signalés, qu'indépendamment de l'influence qu'ils exercèrent sur l'opinion, en divers sens, on y apprit encore une fois quelle est la liberté selon l'esprit de parti. L'écrivain avec une franchise qui n'a pu échapper qu'à l'habitude des idées du gouvernement absolu, reproche au ministère d'avoir permis à des électeurs détenus ou exilés de venir apporter leur vote dans l'urne électorale. C'était justement se plaindre de ce qu'on avait laissé faire les élections par les électeurs. M. de Chateaubriand aurait-il mieux aimé qu'on les fît avec des préfets? Infailliblement que, sous le poids du système d'alors, elles lui fussent devenues encore plus défavorables ; car l'arbitraire finit toujours par être amer, à ceux-là même qui l'ont imploré.

Enfin c'est des mains de la Chambre, formée par suite de l'ordonnance du 5 septembre , que la France reçut le magnifique présent de sa loi d'élection ; cette Chambre qui ne fut point, comme M. de Chateaubriand l'avait prédit dans un écrit brûlant de l'éloquence des passions, *la fille sanglante de la Convention*, mais plutôt la fille pâle et décolorée du ministère du 5 septembre. Comment se fait-il pourtant que ce soit à cette Chambre ministérielle , composée d'ailleurs de tant d'élémens hétérogènes et pris au hasard, que nous devions la loi la plus franche, la plus vigoureuse, la plus éclatante de vérité, d'unité, de simplicité, qu'on ait promulguée depuis la révolution ? Loi dont un parti peut bien contester la justice ou la sagesse, mais dont, par les efforts inouis qu'on lui voit faire contre elle, il proclame aussi l'énergie et la profondeur. Certes, je voudrais bien pouvoir faire honneur de sa haute pensée, aux ministres, aux hommes d'État, qui, au nom du Gouvernement, vinrent à la tribune, exposer les motifs de la loi et en soutenir la discussion; mais l'événement a prouvé, et eux-mêmes ils ont modestement avoué qu'ils n'avaient rien compris à l'œuvre de leurs mains; nous les voyons aujourd'hui fuir épouvantés devant les conséquences des principes qu'ils avaient posés, et que les plus simples de nous avaient accueillis avec transport, parce qu'ils en avaient saisi du premier coup-d'œil l'étendue et la portée. Le ministère comprenait si peu sa loi, qu'il l'avait défigurée par des dispositions parasites qui contrastaient étrangement avec la pensée fondamentale du projet. Ces dispositions, relatives à l'organisation des bureaux des assemblées électorales, c'est-à-dire aux garanties de la fidélité et de la loyauté des opérations, ainsi que de la proclamation de leurs résultats, étaient, ou des précautions ombrageuses, ou des possibilités accordées à la fraude et au mensonge. Des dispositions analogues sont reproduites dans le projet de loi qu'on présente aujourd'hui , et ce ne sont pas celles qui ont excité le moins de méfiance et de scandale. C'est à M. de Villèle qu'est due la rectification de ces irrégularités , et c'est une justice à rendre à cet homme habile , qu'en ce qui ne touchait pas directement aux intérêts des partis , il n'a pas peu contribué au perfectionnement de notre loi des élections.

Mais si nous ne la devons ni à la Chambre ni au ministère , de qui donc est-elle fille cette loi , maudite aujourd'hui et reniée par ceux qui la présentèrent à la nation ? Des hommes s'étaient rencontrés , spectateurs presque oisifs de nos deux despotismes successifs , démagogique et militaire , esprits froids mais étendus , libres d'enthousiasme , métaphysiciens lumineux et profonds qui avaient aperçu et contemplé les véritables fondemens des sociétés humaines , tandis que l'inquiétude et la violence tâchaient de bouleverser ou d'engloutir leurs bases. Le calme de leur raison les ayant sauvés des écarts de la révolution , leur permit d'approcher du pouvoir qui s'établit après elle ; mais malgré toute leur prudence et toute leur discrétion , la haute impartialité de leurs vues et la sévérité de leur sagesse , mirent obstacle à leur suprême élévation. Ces hommes , dont quelques-uns ont erré depuis , car ils étaient des hommes , mais tous de bonne foi , car ils avaient le cœur droit , suggérèrent au ministère de 1817 une loi d'élection , dont le caractère éminemment distinctif est celui d'une parfaite impartialité, parce que l'action individuelle de l'homme n'entre pour rien dans le principe général de son exécution. Par elle, ce n'est ni le hasard, ni la volonté du pouvoir, ni même le choix, quelquefois aveugle et passionné, des hommes réunis et délibérans, qui nomme les juges primitifs et souverains des besoins actuels et des intérêts vivans de la société ; car cette loi d'élection ne nécessite aucun choix d'électeurs, elle prend le pouvoir électoral à sa source ; et, relativement à l'élection, elle réalise dans une région de la société, cette universalité de suffrages à laquelle les anciens peuples sacrifiaient leur bonheur domestique, et qu'on avait dû considérer depuis, et jusqu'à ce moment, comme une chimère. Pour cela, elle a tracé une ligne au milieu de la société, ou plutôt cette ligne était tracée par la Charte ; par cette loi suprême, la qualité d'électeur est attachée à la personne de celui qui paie 300 fr. d'impositions. La fixation de cette limite, qui d'ailleurs a généralement paru sage, est le seul point qui ait donné lieu à l'action de la volonté et des vues individuelles. Mais cette borne une fois posée, toute action individuelle disparaît et la société politique se présente, pour agir tout entière par sa région la plus importante et la plus élevée. C'est au point vers lequel tendent les besoins de l'homme, ses travaux, son industrie, son être tout entier ; c'est au degré d'importance sociale, où l'existence est suffisamment facile et susceptible de développer toute sa valeur, que le citoyen est appelé à l'élection du conseil national. Chaque individu, en entrant dans la société, est poussé par toutes les forces qui agissent sur lui, ou dont il dispose, à entrer dans cette ligne légale qui se déroule devant tous, et qui ne se retire qu'à regret devant l'homme incapable ou dissipateur. Là, était le cœur de la société ; là, notre loi a placé la source de sa vie. Le jour où l'on voudra la frapper à cette noble partie, elle sera menacée de mort.

Mais je n'insiste pas davantage sur les dispositions d'une loi, dont tout le monde a senti le génie et dont la sagesse fut si souvent démontrée. Cette loi, dont la pensée est due aux hommes que j'ai signalés plus haut, le ministère la reçut de leurs mains sans méfiance, et n'y vit rien autre chose qu'un instrument bon à repousser ceux de ses ennemis qui le pressaient, dans le moment, avec le plus de force et de chance de succès. C'est une justice à rendre à la sagacité de ceux-ci, qu'ils saisirent d'abord toute la portée de l'arme qu'on faisait briller devant eux. Peut-être furent-ils avertis, moins par leurs lumières et leur prévoyance que par cet instinct de l'existence dont les partis sont doués aussi bien que les individus. Toujours, il est certain, qu'à la première apparition de notre loi des élections, ils poussèrent un lamentable cri, et prophétisèrent eux-mêmes leur mort.

Cependant la nouvelle loi d'élection acceptée par les Chambres, fut promulguée par le roi. Si les mêmes hommes qui l'avaient conçue eussent dirigé souverainement la conduite du ministère, il y a tout lieu de croire que la Chambre alors existante eût été dissoute, soit à cause des vices de son origine, soit à cause de l'incohérence de ses élémens. L'esprit de régularité et de légalité le voulait ainsi ; la prudence et l'habileté auraient dû le conseiller. En effet, il est probable que le ministère a cru à la bonté de sa loi, au moins durant vingt-quatre heures après sa promulgation. Dès-lors il est étonnant que, se trouvant en présence d'une Chambre qu'il ne gouvernait qu'à grand'peine, et où il possédait tout au plus une majorité de dix voix, il ne se soit pas laissé tenter par l'espoir d'obtenir une assemblée plus en harmonie avec ses vues : mais ce renouvellement complet eût annoncé une marche décidée et l'exécution sérieuse d'un plan ; or le Gouvernement n'a jamais marché qu'avec timidité et qu'en tâtonnant. D'autre part, les chaînes où la presse était encore détenue, et, s'il faut le dire, le souvenir encore récent des révolutions et des réactions, donnaient, à cette époque au ministère, l'assurance d'obtenir dans les élections, une majorité telle que dans sa pensée, il devait alors la désirer. Chaque jour de délai en laissant reprendre de l'énergie et du ressort aux opinions naguères comprimées par des moyens violens, diminuait l'avantage de la position. C'était le cas de profiter rapidement d'une situation favorable, mais fugitive; le ministère ne parut pas le sentir; il commit une faute, de laisser au renouvellement annuel le soin de changer par cinquième la Chambre alors existante. Le renouvellement par cinquième est tout-à-fait convenable pour modifier une Chambre, d'ailleurs généralement bien disposée. Mais ce mode est impraticable aux époques décisives, et c'est pourquoi la Charte n'a mis aucune restriction au droit de dissolution. La dissolution, à l'époque dont nous parlons, devait être d'autant mieux conseillée, qu'elle ne ressemblait nullement à un coup d'État, puisqu'elle n'eût été qu'une entrée franche et complète dans le système de l'élection constitutionnelle.

Au lieu d'adopter cette marche énergique, le ministère, comme essoufflé d'avoir fait une loi d'élection, se donna le temps du repos, en attendant l'époque où il faudrait appliquer la nouvelle législation; et cependant l'opinion publique se réveillait, puissamment travaillée par la liberté de la presse, qui échappait, par la force des choses, aux entraves des lois d'exception et des arrêts de police correctionnelle. Enfin, le jour de l'épreuve arriva, et c'est alors que nous vîmes des hommes d'État tout émerveillés et stupéfaits des milliers

de voix que les citoyens de Paris donnaient, comme
cela devait arriver tout naturellement, aux hommes
les plus forts et les plus saillans de leur parti, ou
pour parler plus exactement, de leur opinion. Les
noms de MM. de Lafayette, Benjamin-Constant,
Manuel, sortirent les premiers de l'urne électorale,
et s'ils ne furent point proclamés cette fois, on acquit du moins la certitude qu'ils le seraient inévi-
tablement, et sous peu. Le ministère seul ne s'en
douta pas, il se laissa dire que ce premier résultat
des élections était le produit d'une intrigue de
bourse. Les succès obtenus dans un assez grand
nombre de départemens pouvaient, jusqu'à un
certain point, étayer cette assertion. On eut la
bonhomie de s'en payer, et pour cette fois on n'alla
pas jusqu'à s'aviser que la couleur des élections est
déterminée principalement par les dispositions fon-
damentales de la loi qui les constitue.

Remarquez ici que je ne dissimule pas que la loi
des élections est favorable aux partisans des idées
nouvelles, aux intérêts et par conséquent aux
hommes de la révolution. Je n'ai pas cru que ce fût
une chose dont nous dussions faire mystère, car
je pense que c'est précisément à cause de cela que
nous la défendons; comme c'est aussi précisément
pour cela que nos adversaires l'attaquent. Nous
croyons nos opinions bonnes, puisque nous les
avouons pour être les nôtres; il n'y a donc pas à
hésiter; combattons de tout notre pouvoir en fa-

veur de la loi des élections, car elle assure le triomphe des principes que nous croyons les plus justes, des intérêts que nous croyons les plus forts. Si on l'examine attentivement, on reconnaîtra qu'en définitive, toutes les affaires de ce monde se décident par majorité, dans les gouvernemens despotiques, c'est parce qu'il plaît à la majorité (soit fanatisme, soit ignorance) de reconnaître le despote, que son despotisme subsiste. Chez nous les choses sont aujourd'hui organisées de façon, que la loi des élections nous dénombre, à partir du point où la loi fondamentale a dit, qu'on avait assez de valeur pour être compté ; et aussitôt qu'elle a proclamé la majorité, la force, et tout ce qui est effectif se range nécessairement de ce côté. Donc, nous qui savons que nous sommes en majorité, nous voulons maintenir cet état des choses ; nos adversaires qui sentent leur minorité, et qui plusieurs fois en ont fait l'expérience, voudraient établir une autre règle. Pour faire équilibre ils veulent être pesés individuellement, et prétendent chacun compter pour trois. Ils sont conséquens à leurs intérêts, et nous aussi : il s'agit de savoir si une force factice l'emportera aujourd'hui chez nous au risque d'être anéantis demain.

Je reprends l'histoire des élections. Au second essai de la nouvelle loi, ces noms dont on avait été menacé l'année précédente, Lafayette, Manuel, Benjamin-Constant, furent portés à la

Chambre , et l'élection du nouveau cinquième prit en général une teinte plus prononcée. Depuis ce moment il ne fut plus permis de se faire illusion : la loi des élections fut jugée. Il fut désormais bien constant qu'elle réfléchissait, comme un miroir fidèle, le véritable état des opinions et des intérêts ; il fut décidé qu'elle n'allait pas choisir les députés au gré de tel individu, de telle coterie, de telle puissance ; en un mot, il dut être convenu que cette loi n'était pas maniable. Dès-lors les hommes qui , au milieu des tergiversations de toute nature , des modifications de langage ou de position , partageaient au fond les intérêts ou les opinions de la minorité de la nation , se déclarèrent contre une loi , qui permettait à la majorité de proclamer son vœu , et de le faire triompher. Une scission s'opéra dans le ministère : MM. de Richelieu, Lainé , Pasquier, Molé , se retirèrent. M. Decazes resta, et appela M. de Serre au conseil.

Si la loi des élections était mauvaise , si elle était anarchique , c'était alors le moment de s'en apercevoir et de la corriger sans trop de commotion. Ceux qui après l'avoir présentée et défendue, l'abandonnèrent à cette époque, avouèrent, sans doute, qu'ils s'étaient montrés des hommes d'État, étourdis et mal avisés ; mais du moins ils maintinrent quelque suite dans leur conduite, et restèrent conséquens au fond de leurs principes. Mais ceux qui, après avoir partagé leurs premières

pensées, voulurent y persister après deux expé-
riences faites, déclarèrent par-là que ces expé-
riences leur semblaient bonnes, et que tout ce qui
advenait, était bien tout ce qu'ils avaient voulu ;
aussi les adversaires de la loi proclamèrent très-
haut ce raisonnement, de manière qu'en prenant
son parti, à cette époque, chacun dut se tenir averti que
c'était pour la dernière fois, attendu que désormais
on ne pourrait plus revenir sur ses pas. On en
convint de part et d'autre, et en conséquence l'on
se dit adieu pour toujours. Bientôt les ennemis de
la loi des élections, renforcés des défections ministérielles, émurent contre elle une nouvelle tempête,
au sein de la Chambre des pairs ; le ministère,
fidèle à l'objet pour lequel il venait d'être créé et
mis au monde, déclara que selon sa pensée la
proposition de faire le moindre changement à la
loi des élections, ou même seulement celle d'examiner s'il n'y en aurait pas quelqu'un à faire,
était la plus funeste qui pût être mise en avant ; et,
en effet, indépendamment des intérêts nationaux,
c'était pour le ministère d'un bill de vie ou de mort
qu'il s'agissait. M. Decazes, en se mettant à la tête
de la résistance , acquit une grande influence
dans le conseil, et même dans l'opinion publique.
M. de Serre, en le secondant avec beaucoup de
chaleur et de talent, annonça suffisamment qu'il
renonçait au système électoral qu'on lui avait vu
proposer dans la Chambre des députés, lors de

la discussion de la loi existante; il reconnut, si-non l'excellence de celle-ci, du moins sa bonté relative. La Chambre des députés, dont alors deux cinquièmes seulement tenaient leur pouvoir de la nouvelle loi, rejeta la proposition d'y toucher, à une majorité de 150 voix. Souvenons-nous que ces 150 voix sont encore cette année dans la Chambre, renforcées des nouveaux élus, tous fils dévoués de la loi des élections; et, rassurons-nous sur sa destinée, s'il n'est pas permis de supposer rien de méprisable ou de fou dans les hommes que la nation a signalés par son choix, comme les meilleurs et les plus sages.

Mais ce fut trop peu pour le ministère d'avoir fait triompher une fois la loi des élections, il voulut encore placer l'attaque hors de possibilité; pour cela, il fit entrer dans cette même Chambre des pairs, qui venait de mettre la loi en danger, soixante hommes dont la pairie se trouva par-là entée en quelque manière sur la loi des élections. Je n'examinerai point la valeur de l'opération, considérée, en général, comme mesure politique; surtout je ne m'amuserai point à éplucher les noms propres; mais j'établirai comme fait incontestable, que tout le monde crut, et les nouveaux élus les premiers, qu'ils étaient choisis pour garantir un appui durable à cette loi, que l'intérêt aristocratique avait été sur le point de renverser.

Nous allons entrer maintenant dans l'histoire

immédiate des circonstances qui ont amené le projet actuel de changer la loi des élections.

Les véritables auteurs de la loi des élections la défendirent avec beaucoup de talent, lors de la discussion de la proposition de M. Barthélemy; durant cette même session, ils mirent le sceau à leur gloire, par les trois lois qui forment notre code de la liberté de la presse. Ils acquirent, dans cette mémorable discussion, une importance parlementaire, précurseur ordinaire de l'avénement au pouvoir dans un gouvernement constitutionnel, régulièrement et définitivement organisé. Cependant, quelques nuages vinrent troubler la fin de cette session. Les pétitions, pour le rappel des bannis, placèrent le côté gauche et le ministère dans une position respectivement fâcheuse. Il s'ensuivit de l'aigreur : cette aigreur, en passant dans les feuilles publiques, dégénéra en violence. Ce ministère, à qui l'on ne pouvait reprocher que des torts de position, et où brillaient d'ailleurs les noms de grands et excellens citoyens, finit par subir, de la part des écrivains périodiques du côté gauche, des traitemens dont la rigueur était désavouée par les hommes éclairés de cette opinion.

A peine la session était terminée, qu'on dut songer aux élections. Il fallut s'occuper du renouvellement de la troisième série, qui allait décider de la majorité, c'est-à-dire, du pouvoir. A peine échappé d'une attaque mortelle, voilà donc le ministère tombé dans une autre semblable. On conçoit qu'il ait pris de l'humeur contre le renouvellement par cinquième. Cependant, il était évident que la plupart des députés sortans ne pouvaient être réélus. Le renouvellement a conservé à peu près tout ce qui avait quelque valeur (1). Le reste, en vérité, n'était point à sa place dans une Chambre, où deux cent cinquante hommes représentent vingt-huit millions des hommes les plus éclairés et les plus civilisés de l'Europe. Cet aveu est dur, mais il est exact. Le ministère se conduisit avec sagesse et habileté dans le choix des présidens et vice-présidens des colléges; il ne choisit pas selon ses affections, mais selon les circonstances et les probabilités, sans s'écarter jamais de la ligne des hommes honorables et modérés. Aussi, sur dix-huit présidens nommés par lui, treize furent élus par les colléges, sans compter les vice-présidens qui obtinrent aussi quelques nominations. Certes, ce résultat démontre qu'il n'y eut pas rébellion de la part des assemblées électorales. On en parut satisfait dans le temps ; on le fit dire par les journaux ; mais depuis l'on a changé de langage.

---

(1) Il faut faire, sans doute, quelques exceptions, et une spécialement pour M. le duc de Gaëte, dont je ne censure point la non-réélection, mais qui certainement est un homme de mérite et d'un honorable caractère.

Parlons maintenant de l'influence des partis politiques dans les dernières élections. L'opinion du côté droit a obtenu quatre nominations : elle ne s'est pas récriée de ce résultat. En effet, la proportion est exacte, et probablement que c'était à peu près son compte. Le côté gauche a obtenu toutes les autres nominations, si on veut le comparer au centre du ministère actuel ; si on le compare au ministère de l'époque des élections, on reconnaîtra qu'il n'a guère obtenu que quinze à dix-huit nominations; c'est le tiers environ. Qu'on y réfléchisse avec impartialité, et sans rien préjuger sur le mérite des diverses façons de voir, l'on reconnaîtra, je pense, que la dernière élection a été le miroir fidèle de l'état actuel des opinions. Mais, nous dit-on, le comité directeur!.... mais les journaux!.... mais l'élection de l'Isère!.... ces objections obtiendront leur réponse.

D'abord, et sans examiner jusqu'à quel point l'assertion peut se trouver exacte, je serais fort aise d'apprendre qu'il existe, quelque part en France, un comité qui s'occupe, au nom d'une opinion politique, de diriger les choix des électeurs qui la partagent. Car ce n'est que par ce moyen que les nominations ne seront pas abandonnées au hasard, et aux petites intrigues. Le fait qu'on vient de me révéler, me prouve que nous avons avancé d'un pas dans la voie de la liberté légale, et que nous ne nous cachons pas pour faire une élection, comme s'il s'agissait de faire une conspiration. Peut-être reste-t-il encore à marcher un peu en avant, et faudra-t-il en venir à ce que le comité siége en un lieu connu des électeurs, qui puissent, à la vue de son drapeau arboré, et de son candidat inscrit, recourir facilement à lui, pour prendre leurs instructions.

Ainsi donc, s'il vous en faut croire, c'est une chose bien constatée, qu'un comité s'est occupé des élections? Grâces en soient rendues au ciel et aux hommes éclairés qui ont formé cette réunion; car cela prouve qu'il y a élection. Élire, en effet, ce n'est pas jeter au hasard une foule de noms dans l'urne au scrutin. C'est s'entendre, c'est se rapprocher, c'est se dire : Voilà ce que nous pensons, ce que nous désirons, ce que nous voulons, ce qu'il nous faut; et voici l'homme qui pense, qui désire, qui veut, comme nous. Élire, c'est prendre une liste de candidats, c'est la réduire, l'épurer, la discuter ; et une fois le choix fait, c'est recommander son candidat à ses amis, à ses journaux, à son public; c'est intriguer, c'est cabaler, c'est employer tous les moyens justes, raisonnables, légaux, pour porter au conseil national, celui qui, selon nous, doit le mieux représenter et nos opinions et nos intérêts. Il faut se résoudre à tout cela, si l'on veut franchement qu'il y ait élection; sinon, non.

Il existe, dites-vous, un comité directeur !.... et vous, Messieurs du ministère, n'en ayez-vous point quelqu'un? ne tenez-vous pas des conseils? ne recommandez - vous point des candidats? n'avez-vous point des journaux, des circulaires, des promesses, des menaces? n'avez-vous point des préfets, des sous-préfets, des maires, des percepteurs? n'avez-vous point des ordonnances, des estafettes, des télégraphes? Convenez que vos moyens d'influence valent au moins les nôtres, et si vous nous les enviez, nous sommes prêts à faire l'échange. Mais non, vous usez de tous les moyens que la possession du pouvoir place dans vos mains, et vous faites bien; l'on aurait tort de vous le reprocher. Mais soyez justes, et souffrez que nous usions des nôtres; car c'est surtout aux électeurs de France, que s'applique, dans toute sa rigueur, cette disposition de la Charte : *Tous les Français sont égaux devant la loi.*

L'influence des journaux de Paris est réelle, et il ne faut pas la dissimuler; en effet, n'est-il pas naturel que les hommes qui se trouvent doués du talent de traiter des affaires publiques, soient écoutés avec quelque confiance. La Charte n'exige pas qu'on soit ministre ou préfet pour avoir le droit d'énoncer un avis en politique. Pour acquérir ce droit, il suffit de savoir tenir une plume. Heureux les écrivains qui peuvent allier le talent à l'esprit de sagesse et de modération; ils sont appelés à gouverner le monde. Mais au reste, cette influence des journaux de Paris a été considérablement exagérée. Il est vrai que la plupart des candidats qu'ils ont portés sur leurs listes ont été élus; mais on ne songe pas qu'ils ne se sont déterminés à les porter, que sur les renseignemens qu'ils ont reçus des départemens, d'où on leur indiquait les hommes qui réunissaient le plus de chances de succès. Tout ce qu'on peut conclure de l'événement, c'est que les renseignemens étaient assez exacts. Il ne dépend pas d'un journal de Paris de créer le crédit et l'importance de quelqu'un, surtout dans les départemens. Son influence se borne, quand il trouve ce crédit ou cette influence établie, à l'exhausser et à la mettre en lumière. Voilà le véritable point de vue d'une question qui a été plusieurs fois étrangement dénaturée.

Abordons franchement la question de l'élection de l'Isère, quelque délicat qu'il soit de toucher à ce sujet. Si je voulais user d'un moyen préjudiciel, il me serait facile : je transcrirais l'article 11 de la Charte : « Toutes recherches des opinions et votes émis jusqu'à la restauration sont interdites. » Et, après cela, je serais dispensé d'entrer dans le fond de la question, car enfin, probablement que cet article a quelque signification et quelque valeur. Mais, sans renoncer au bénéfice qui en résulte, allons droit à la difficulté. L'élection de l'Isère est-elle un motif suffisant pour engager le Gouvernement à détruire le système électoral existant, à priver une foule de citoyens de leurs droits ? Est-ce, en un mot, un symptôme révolutionnaire tellement effrayant, qu'il faille désormais, sous peine de la vie, déclarer mauvais tout ce que jusqu'à ce jour l'on avait reconnu bon? Voilà, je pense, toute la question. Voici maintenant les considérations que je présenterai, non pour soutenir l'opportunité et la discrétion politique, d'une élection, que beaucoup d'excellens citoyens n'avaient pas conseillée, quelque estime qu'ils accordent d'ailleurs aux vertus et au caractère de l'élu; mais, pour laver la loi des élections des conséquences qu'on a voulu faire rejaillir sur elle. Observons d'abord que cette élection est le fait d'un département, et non celui de la loi; observons que ce département est celui de l'Isère, dont les champs sont encore humides du sang innocent. La mort, qui n'avait point promené sa faux sur Grenoble, en 1793, l'a cruellement appesantie sur cette malheureuse cité, en 1816. Or, quels souvenirs devaient faire de plus fortes impressions et demander plus de garanties, ou les narrations lointaines des malheurs d'une génération qui s'enfuit, ou les sanglantes exécutions de la veille? Il est advenu ce qui devait être, selon les lois éternelles et selon la nature des choses : la réaction a été égale à l'action. Le département qui avait le plus souffert des réactions contre-révolutionnaires, a cherché par toute la France, l'homme en qui il a reconnu la plus grande incompatibilité de caractère et de situation, avec les intérêts opposés à ceux de la révolution. Si quelque autre se fût trouvé dans une position encore plus saillante, nul doute que c'est lui qui aurait été choisi dans l'Isère; et à moins d'ignorer les hommes, il aurait fallu le prévoir.

L'élection de l'Isère ne prouve qu'une chose, savoir, l'impartialité de la loi des élections; de même que cette impartialité est prouvée dans le midi par l'élection de M. de Castelbajac. Je me suis facilement consolé de ce choix, qui a si fort réjoui nos adversaires, parce que j'ai compris tout de suite les conséquences justificatives qui en découlaient. La loi des élections, ce jour-là, ne se montra ni *funeste*, ni *sotte*; mais il fut prouvé qu'elle ne se refuse à l'expression d'aucune opinion. Si l'opinion exprimée est mauvaise, c'est l'opinion qu'il faut corriger, ou plutôt guérir, et non la loi, qui a rendu le service important de la manifester, et qui, par-là, n'a fait que remplir complètement sa vocation. Il ne faudrait pas cependant s'exagérer ce qu'a voulu signifier le choix du département de l'Isère. Sans doute, ce choix fut très-significatif, nous ne prétendons pas le nier; mais ce serait s'abuser, ou plutôt ce serait vouloir abuser les autres, de prétendre qu'on a voulu, par-là, faire retentir à la tribune de 1820, des paroles analogues à celles qui furent entendues à la tribune de 1793; paroles qu'on ne peut juger d'ailleurs avec quelque équité, qu'en

les comparant aux circonstances, et en les mesurant
sur le diapason politique de l'époque.

L'élection de l'Isère n'avait peut-être aucun autre
sens que celui de l'article 11 de la Charte. L'existence de cet article venait d'être ébranlée durant
la précédente session. L'élection de l'Isère le con-
firmait; comme au temps où cet article existait encore, chacun dans l'Isère voulait pouvoir se dire à
soi-même : Maintenant je dois vivre en sécurité,
moi qui, sans doute, jadis me suis beaucoup com-
promis avec la monarchie, mais bien moins toutefois que celui que j'ai chargé de stipuler pour moi
avec elle, et qui se trouve trop averti par ses propres intérêts, pour être jamais tenté d'abandonner
les miens. C'est ainsi que les élections de MM. Manuel, Benjamin-Constant, de Lafayette, et d'autres encore, n'avaient pour but, comme on se l'est
follement imaginé, de proclamer ni Napoléon I,
ni Napoléon II, ni la république divisible ou in-
divisible ; mais de garantir, repos, protection et
sécurité aux intérêts qui se rattachent à ces souvenirs. Cette manière de juger les choses est sans
doute médiocrement poétique et point du tout
chevaleresque ; fondée sur des intérêts positifs, elle
a, si l'on veut, quelque chose de matériel et même
de grossier selon certains esprits ; mais elle a du
moins le mérite d'être vraie, et surtout point du
tout factice.

Quelles que soient la valeur et l'impartialité de ces observations, il est certain que depuis le jour de l'élection de l'Isère, la ruine de la loi qui l'avait produite fut jurée; pour cela un signal fut donné, et l'on se mit à fouiller dans la mine inépuisable du scandale. Elle est aujourd'hui en plein rapport, et ce n'est pas ceux qui les premiers ont ouvert la tranchée, qui ont le moins à s'en plaindre; toutefois si l'élection de l'Isère fut l'un des motifs déterminans de la déplorable résolution de renverser une loi fondamentale, ce ne fut pas le motif unique. Nous avons dit que les ultra-royalistes n'abandonnèrent jamais l'espoir de voir détruire la loi qui leur est fatale. C'est le moment d'apprécier quelle est leur force réelle et leur véritable influence. Or, il n'est que trop vrai, que ces hommes qui se perdent dans la masse de la nation, se retrouvent autour des bas degrés du trône; c'est là qu'ils sont entraînés par une pente naturelle; ils s'y agglomèrent, ils y produisent une sorte de bourdonnement qu'ils veulent faire passer pour la voix de l'opinion. Cela est ridicule en soi, mais cela devient dangereux par position. Les ministres, obligés de passer chaque jour devant ces groupes, sont contraints de les ménager pour n'en être pas éclaboussés. Toutefois, ils ont eu quelquefois le tort véritable d'accorder trop d'importance à ces brillantes nullités. Ceci regarde surtout M. Decazes, que son habileté politique, et la confiance personnelle du

Roi , devaient maintenir toujours si fort au-dessus des courtisans. Or, on peut craindre qu'il ne se soit trop arrêté avec eux, et qu'il ait fini par leur accorder une importance qu'ils ne pouvaient emprunter que de lui. Cependant cette considération ne paraît qu'accessoire, et, tout au plus, elle a pu contribuer à modifier, dans un sens plus prononcé, des desseins déjà imprudemment conçus, ou à dévier un peu davantage d'un sentier déjà perdu.

Une considération d'une toute autre importance , et dont il ne faut pas se dissimuler le poids terrible contre la loi des élections, c'est l'influence de la politique extérieure ; cette influence ne doit pas être conçue, comme le font quelques esprits grossiers , dans un sens impératif. Une pareille supposition est tout-à-fait inadmissible , car elle serait outrageante pour le chef de l'État, qui ne peut mal faire : *The king can do no wrong.* Mais quelle que soit la fierté personnelle du souverain, quelle que soit l'élévation et la dignité de son caractère, il n'est pas douteux que le système politique des autres États de l'Europe influe nécessairement sur notre système intérieur. La constitution politique de l'Europe, considérée en masse, en fait une sorte de république fédérative. D'ailleurs on sait qu'il existe un traité connu sous le nom de *Sainte-Alliance*, traité qu'on a mis une grande importance à faire adopter par tous les

souverains chrétiens. Cependant, lisez ses articles
patens, ce ne sont que des mots ; j'en conclus
qu'il y a là-dessous quelque chose de très-significatif. C'est quelques jours après les décisions de
la réunion diplomatique de Carlsbad, que le
système politique a changé en France. Commencer
par faire sur soi-même l'expérience de ses conseils,
c'est leur donner le poids, tout au moins de la
bonne foi et de la conviction. D'ailleurs, il est
assez naturel qu'on se laisse entraîner facilement à
craindre le feu le lendemain de l'incendie. Dans
tout ceci, je ne démontre rien ; je justifie encore
moins quoi que ce soit, je sonde à tâton une région
obscure, qu'éclairent pourtant de fatales lueurs.

Si l'on n'admettait la probabilité de considérations de la nature des dernières que je viens d'in-
diquer, il serait impossible d'expliquer la résistance
opiniâtre du ministère, à une opposition formidable
en nombre, en puissance effective et d'opinion ;
car, sans une nécessité impérieuse, on ne se sé-
pare pas de gaieté de cœur de ses vieux et fidèles
amis, de ceux avec qui l'on s'est rencontré le jour
du combat et le jour de la victoire, et cela pour
aller courir une chance incertaine, à la suite de
rivaux à qui l'on a dû faire des avances pénibles, et
peut-être même humiliantes. Nous admettrons donc
qu'une nécessité quelconque contraignit le ministère
à s'élancer au milieu des tempêtes, malgré les cris
d'effroi et les doléances de la nation. Cette néces-

sité, que nous supposons peser sur le ministère,
ne doit ralentir en rien la résistance légale, pour
ceux à qui elle paraît un devoir; elle ne doit pas
abattre la confiance; car que ne peut une volonté
vraiment nationale? Cette nécessité ne justifie personne; M. Dessoles et les deux honorables ministres qui se sont retirés avec lui, ont montré comment, en définitive, l'homme d'État doit s'affranchir
de la nécessité elle-même. Mais enfin, si cette nécessité ne justifie pas, du moins elle explique.

Remontons à l'époque où M. Dessoles était encore à la tête du ministère, lorsque fut conçu et
arrêté, à côté de lui, le projet de changer la loi
des élections. Une circonstance particulière parut
offrir le moyen d'exécuter ce grand dessein, sans
trop choquer l'opinion, et surtout, ce qui eût été
décisif, sans avoir l'air de changer de système. Cela
vaut la peine d'être signalé. Plusieurs de ces
mêmes hommes qui avaient conçu originairement
la loi des élections, sans en désavouer les bases, se
trouvaient froissés de quelques-uns de ses résultats.
Obligés de défendre les droits du pouvoir, dont la
garde leur fut en partie confiée, ils négligèrent un
peu le soin de leur popularité. Leur mérite, quoi-
que d'ailleurs très-réel, ne se trouva pas à la portée de tout le monde. On le méconnut quelquefois; on ne leur rendit pas toute justice. Leur position, la fierté de leurs sentimens, ne leur permit
pas de descendre jusqu'à se justifier; ils préférèrent

s'aigrir. Ils imputèrent à nos institutions, ce qui n'était que le tort du siècle, ou peut-être la condition de l'humanité. En conséquence, ils se mirent à fouiller dans la constitution anglaise, pour y trouver des remèdes à leurs maux. Assez long-temps avant que le gouvernement eût manifesté la pensée de toucher à la loi des élections, il était convenu dans leurs conseils, d'abord et principalement, que le renouvellement quinquennal était le seul mode qui permît au gouvernement représentatif de s'organiser sur un plan définitif, parce que ce mode était le seul qui pût assurer au Gouvernement, pour un assez long temps, une majorité fixe. Cette pensée était le point capital des nouveaux projets, mais un grand obstacle était à surmonter : le texte précis de la Charte, qui prescrit, de la manière la plus formelle, le renouvellement par cinquième. Cet obstacle devait paraître insurmontable, et par la nature immuable de l'acte qui le consacre, et par suite des principes adoptés et professés si solennellement dans les considérans de la célèbre ordonnance du 5 septembre. On n'a pas oublié que, pour cimenter l'immutabilité de la Charte, cette ordonnance retire de la discussion certaines concessions populaires et libérales, que l'opinion sacrifia sans regret, à l'immense avantage de la stabilité des principes et des intérêts fondamentaux. Pour franchir tant de difficultés, l'on conçut un projet gigantesque; afin d'empêcher l'ef-

fort du combat de se fixer sur un seul point, on imagina d'en compromettre plusieurs. C'est alors que
fut mis en avant le projet d'une refonte générale
de l'organisation parlementaire. Désormais il ne
fut question de rien moins, que de reconstituer la
constitution. Cette fois c'était bien la dernière, disait-on ; mais enfin, c'était encore une fois, après
tant d'autres.

Le nouveau projet fut accueilli avec une défa-
veur générale. Tout en lui, cependant, n'était
pas mauvais ; l'initiative des lois transportée dans
les Chambres ; la publicité de leurs débats agrandie
et complétée ; le doublement du nombre des députés ; la fixation, à une époque moins reculée,
de l'âge de majorité politique, peut-être même le
vote public, sont autant de choses désirables, et
que des temps plus opportuns et des formes solennelles pourront un jour obtenir. Mais ce projet
touchait à la loi des élections, gardée par une ja-
lousie si irritable, depuis qu'on l'avait vue, l'année
précédente, courir un si grand péril. Il exigeait
qu'on fît subir à la loi des modifications qui auraient pu n'être que secondaires, mais dont la proposition devenait d'une inconséquence qui allait
jusqu'au ridicule, sortant de la bouche des mêmes
hommes qui, l'année précédente, s'étaient opposés,
comme à une menace de mort, à la proposition de
M. Barthélemy, dont l'énoncé modeste se bornait
pourtant, à demander que le *roi fût supplié de pro-*

poser une loi, tendant à faire subir à l'organisation des colléges électoraux des modifications dont la nécessité peut paraître indispensable. Il est merveilleux que des hommes d'esprit aient pu se décider à ne pas reculer, devant une inconséquence aussi exorbitante.

Le fait est pourtant qu'ils ne reculèrent pas; ils avancèrent même, tout isolés qu'ils se trouvaient, avec une assurance vraiment digne d'admiration. M. Décazes, dont plusieurs d'entre eux semblaient partager toute la confiance, ne tarda pas à se déclarer en leur faveur. Il n'est pas aisé de décider, s'il les accueillit comme d'utiles auxiliaires de ses desseins, ou seulement s'il les a mis en avant pour faire la première brèche; on ne pourrait avoir, à cet égard, que des données plus ou moins conjecturales et qui ne reposeraient sur aucun fait positif. Trois des ministres, collègues de M. Decazes, ne partagèrent point ses vues : le président du conseil, M. Dessoles, défendit la loi des élections auprès des cabinets étrangers, par une note diplomatique, dont l'existence est précieuse à constater; car elle révèle l'attaque qu'elle est destinée à repousser. Cependant l'influence de M. Décazes triompha encore une fois de celle de ses collègues, et, malgré leur noble et courageuse ténacité, la retraite leur fut prescrite; M. de Serre resta.

M. de Serre est un homme d'État d'une haute

impartialité, et, en même temps, un orateur d'un très-haut talent. Quelques personnes ont paru croire que sa conduite, en cette occasion, fut celle d'un homme médiocre, ou dominé par une ambition subalterne. Cette manière de le juger ne serait point exacte. Il faut se souvenir que M. de Serre ne goûta point, dans le principe, le système électoral de notre loi ; lors de sa discussion à la Chambre des députés, il présenta un plan différent, et s'il en fit le sacrifice, il est permis de croire que ce fut plutôt par sagesse politique, que par conviction. Sincèrement dévoué, par ses principes et par ses antécédens, à la monarchie et aux Bourbons, M. de Serre combattit pour eux à la tribune, avec toute l'ardeur de son caractère. Cette ardeur fut repoussée par l'irritation, qui, à son tour, réagit sur lui, et finit par lui faire envisager certains hommes avec des préventions défavorables, et une portion toute entière de la nation, d'un œil presque courroucé. Dès-lors, il se trouva disposé à revenir embrasser ses anciennes idées, lesquelles consistent principalement à grouper ensemble, pour l'élection, tous les intérêts identiques, afin d'obtenir de chacun son représentant spécial. Cette idée séduisante, et qui domine encore beaucoup de bons esprits, fut confirmée d'ailleurs, à ce que j'entends dire, dans celui de M. de Serre, par des influences particulières. C'est ainsi que cet homme d'État se trouva acquis au système d'innovation , qu'il concevait d'ailleurs et qu'il combinait avec une foule d'idées éminemment constitutionnelles et vraiment libérales.

Le système une fois définitivement adopté, il s'agissait de trouver un ministère pour en supporter la gloire ou la responsabilité. Dès les premiers pas , les difficultés se présentèrent, et l'on put calculer dès-lors toutes celles qu'offrirait l'entreprise. M. Decazes donnait l'impulsion au mouvement. M. de Serre en négociait les détails, avec un zèle et un empressement qui frappaient tout le monde d'admiration. Ostensiblement, il ne s'agissait que de tomber d'accord sur deux points capitaux : consentir à la nouvelle organisation parlementaire , y compris surtout le renouvellement quinquennal , et , par suite , consentir aux changemens que la nouvelle constitution des Chambres entraînait dans la constitution électorale. Il ne semblait pas d'ailleurs , dans ces premiers momens, qu'il fût question d'un changement de système. C'est dans cette circonstance que ces hommes d'État , dont nous avons jusqu'ici dû parler avec éloge, et que depuis longtemps on désignait sous le nom de *doctrinaires*, furent sur le point de monter au ministère. Il fut même question d'agrandir, pour eux, le cabinet, et de créer de nouveaux porte-feuilles, pour faire entrer dans le conseil, tous ceux d'entre eux dont le talent ou l'influence pouvait paraître indispensable au succès des nouveaux projets. Cette combinaison, considérée en elle-même, eût été désirable; elle eût renforcé le ministère, et l'eût préservé de paraître en face des Chambres, dans un état d'isolement. J'ignore si les négociations entamées de ce côté furent poussées bien loin; toujours il est certain, qu'on ne tarda pas à s'apercevoir qu'avec des analogies apparentes, on était loin d'être d'accord, quant au fond des choses. On se quitta sans éclat, et presque d'une manière tacite. Mais on s'empressa aussitôt de se tourner d'un autre côté; on fit des avances à d'anciens membres du cabinet impérial, mais on les trouva ralliés franchement au système libéral de la loi des élections, seul garant infaillible de leurs intérêts. De nombreux refus, que peut-être on n'avait pas soupçonnés, occasionnèrent un moment d'embarras et presque d'hésitation; mais au point où les choses en étaient venues, la voie n'était plus ouverte à la retraite; d'ailleurs, des influences supérieures l'interdisaient. Il ne restait plus à choisir; il fallut descendre dans une certaine cathégorie d'hommes d'État que, depuis quelque temps, on est assuré de rencontrer sous la main, quand il n'est plus possible de venir à bout de la composition d'un ministère. MM. Roy et Pasquier, que la loi des élections avait chassés du conseil, y furent rappelés pour la rayer de nos tables. Les estafettes, les paquebots, le télégraphe évoquèrent M. de La Tour-Maubourg de l'ambassade de Londres, pour venir prendre le porte-

(41)

feuille du maréchal Gouvion - Saint - Cyr, que personne, à Paris, n'osait ramasser.

Enfin, après bien des labeurs, le ministère se
trouva formé ; car un jour on parvint à réunir six
secrétaires d'État, autour du tapis verd de la salle
du conseil. M. Decazes en fut le président ; la
chose était naturelle, et chacun s'y attendait. Ce
nouveau ministère avait été formé à condition de
détruire la loi des élections ; aussitôt instalé, il
dut songer à remplir sa mission ; l'entreprise of-
frant de grandes difficultés, on résolut de ne négliger
aucun auxiliaire pour l'amener à fin. On tenta d'a-
bord de séduire l'opinion; mais dès les premiers jours
on sentit l'inutilité de tous les efforts qu'on pourrait faire de ce côté, et l'on prit le parti de se
passer d'elle. Le chef du ministère recueillit com-
plaïsamment tous les débris qu'il put trouver encore
debout du ministère hétérogène, auquel il avait
succédé, un an n'était pas encore écoulé ; néanmoins il ne négligea pas de conserver tout ce qu'il
fut possible de ses alliés naturels, de ces hommes
qu'on avait pu croire, il y a quelques jours, des-
tinés à cimenter, de concert avec M. Decazes, une
durable alliance, entre les intérêts et les droits
anciens, et les intérêts et les droits nouveaux ; entre
la révolution et la restauration. Dans cette circonstance les doctrinaires se divisèrent ; les uns trop
préoccupés à la poursuite de leur système parlementaire, semblèrent ne pas comprendre que la ques-

tion du moment n'était pàs du tout où elle semblaît être en apparence, et qu'il ne s'agissait, en effet, ni de vote public, ni de renouvellement quinquennal, choses qui sont d'ailleurs plus ou moins soutenables, mais qu'il s'agissait surtout d'arracher l'avenir à ceux à qui il était promis par la loi des élections. Une autre portion des doctrinaires se prononça très-fortement contre tout changement à la Charte et à la loi des élections, avec cette fermeté calme, qui caractérise en général ces hommes d'État ; inébranlable, mais inoffensive, parce qu'elle est sans violence et sans disaffection, et qui, par-là même, et malgré quelques objections, semblerait les rendre éminemment propres au maniement du pouvoir. Cette scission fut un grand événement, car dès-lors la possibilité du changement de la loi des élections devint problématique ; et ce résultat fut produit, non pas tant au moyen de la valeur numérique de quelques voix, que par suite de l'influence que dut exercer, et dans la Chambre et hors de la Chambre, l'opinion prononcée et l'exemple éclatant d'hommes, dont il n'était pas permis de mettre en doute ni la sagesse, ni les lumières, ni les droites intentions.

On dut se dire alors : Ce n'est donc qu'une fatale chimère, une déplorable illusion, que ce prétendu danger de la monarchie, sous le prétexte duquel on veut attaquer des droits acquis, renverser des institutions, naguères proclamées éternelles, effacer ou du moins circonscrire le cercle encore étroit des libertés publiques, abaisser les barrières légales devant une aristocratie menaçante de ses préten- tions et de ses souvenirs. Comment, disait-on, voulez-vous obtenir de nous le sacrifice d'une loi qui est notre vie politique, quand les plus doctes et les plus sages de vous, nous assurent que ce serait offrir une holocauste au caprice ou à la peur? Ils vous aidèrent à guider le char dans des sentiers difficiles ; si* vous tremblez au moment qu'il va prendre un libre essor dans la carrière, plutôt que d'entraver la route, cédez les rènes à des mains plus fermes et plus habiles.

Si en effet, comme je n'en doute point, la Charte est susceptible d'améliorations et de développe- mens, il ne fallait point rattacher cette haute opé- ration à des vacillations dans le système politique. Quel que fût le mode qu'on dut adopter (et celui d'une loi qui fixerait préalablement les formes révisionnelles, paraît tout ensemble le plus régulier et le mieux praticable), il fallait surtout éviter de laisser voir qu'on ne changeait la Charte que pour changer la loi des élections. Mais comme c'était là précisément tout le fonds de la pensée, il fut im- possible de le déguiser ; M. de Serre seul, et les hommes d'État de sa ligne, pouvaient encore, même après les fautes des premières démarches, ramener un peu l'opinion, et faire d'importantes conquêtes du haut de la tribune, parce que ce ministre seul, et les hommes d'État de sa ligne, pouvaient enlever à la loi, du moins en grande partie, le caractère d'une mesure de circonstance ; pour lui imprimer le caractère de loi purement constitutionnelle. Mais bientôt cette légère chance de succès s'évanouit elle-même. Des circonstances, placées hors de la puissance de l'homme, semblèrent conspirer contre les projets du ministère. L'opinion publique profitant de délais involontaires, se rallia et fit entendre son organe impérieux. Jamais elle ne fut moins douteuse ; jamais elle ne fut plus légalement ni plus énergiquement exprimée. Aucun ordre du jour ne peut faire que quatre-vingt mille signatures, représentant le vœu de tout ce qu'il y a de plus éclairé et de plus notable en France, ne soient, pour la Chambre, un instructif renseignement sur le véritable état de l'opinion publique ; et sans doute que lorsque la Chambre devra prononcer définitivement sur la loi des élections, elle ne négligera pas de consulter cet utile document, encore qu'on soit parvenu à proscrire le dépôt officiel dans ses bureaux.

Mais si le ministère vit se séparer de ses projets la plupart des hommes qui devaient faire sa force et sa considération, il ne fut que médiocrement secondé par ceux qui promirent de le soutenir. Pour quelques-uns, on sentait qu'ils cédaient à l'influence de leur position ; pour d'autres, qu'ils cherchaient à s'étourdir et à se donner une conviction qu'ils ne possédaient pas probablement , alors qu'on les voyait s'escrimer avec chaleur sur des points accessoires , et qu'on daignait à peine leur contester. Car c'est ici une des circonstances remarquables de cette mémorable lutte , qu'il ne s'agit pas tant de la forme et même du fond de quelques innovations , que de leur opportunité et de l'esprit dans lequel il est visible à chacun , qu'elles ont été conçues et qu'elles seraient mises en œuvre. J'insiste sur cette circonstance, parce qu'elle donne la clé de la situation, et parce qu'elle me justifie d'accorder beaucoup moins d'attention à la discussion de la loi proposée, qu'aux choses dont elle est le résultat, l'expression et le futur instrument.

Indépendamment des difficultés qu'on devait rencontrer à tomber d'accord sur le projet de loi, entre hommes, qui, pour la plupart, n'avaient ni les mêmes idées, ni les mêmes vues, ni les mêmes systèmes, une difficulté plus grande encore se présentait. Cette difficulté capitale, c'était d'obtenir la majorité dans la Chambre des députés. A qui connaît bien la statistique actuelle de la Chambre, il est clair que ce n'est pas chose aisée. D'abord, il est de fait qu'en ce moment il n'existe point dans la Chambre de majorité absolue; il n'y a que des majorités relatives. L'imminence de cette position difficile , aurait dû être prévue dès le lendemain de la promulgation de notre loi actuelle des élections; et c'est cette prévoyance qui commandait,

dès-lors, la dissolution et le renouvellement inté-
gral, dont nous avons, pour cette fois, démontré la
nécessité. Ce renouvellement aurait produit, sur-le-
champ, une majorité forte et durable, à la tête de
laquelle le Gouvernement aurait dû marcher sans
dérivation, et surtout sans méfiance. Cependant,
encore aujourd'hui, par un bonheur qu'on ne devait pas espérer, une majorité faible sans doute,
mais constante et certaine, serait réalisable pen-
dant la session actuelle, pour un ministère qui
prendrait son point d'appui sur cette portion de la
Chambre, désignée sous le nom de *centre-gauche*.
Avec elle, on atteindrait, tant bien que mal, le
renouvellement de la quatrième série, et dès ce
moment plus de doute, plus d'hésitation ; désormais la majorité serait là, et probablement qu'elle
s'y fixerait aussi long-temps que durerait la monarchie. Ce serait le gouvernement des Wighs, amé-
lioré de tout ce que nos institutions offrent de plus
régulier, que celles de l'Angleterre, et de toute
la supériorité d'exactitude et de précision des idées
constitutionnelles de notre siècle, sur celles qui
présidèrent à la formation successive et irrégulière
de la constitution anglaise.

Cette route, que probablement aurait suivie le
ministère de M. Dessoles, n'était guère praticable
à celui qui l'a remplacé. Il lui fallait recourir, pour
vivre, aux petites ruses et aux mesquines combi-
naisons. Il lui fallait surtout rencontrer dans l'éla-

boration de sa loi fondamentale, ce point difficile, où réunissant, dans un tout incohérent, diverses dispositions tendantes vers des extrémités opposées, il satisferait le plus grand nombre possible d'intérêts individuels, et d'opinions personnelles, parmi les députés qui siégent dans les moyennes régions de deux côtés de la Chambre. Cette combinaison pouvait avoir l'avantage d'éluder les hommes violens de tous les partis, mais aussi elle repoussait les hommes forts de toutes les opinions, qui ne jugent pas une loi d'après quelques détails variables, mais d'après la pensée fondamentale qui a présidé à sa conception.

Quand il a été bien prouvé pour le ministère, que de quelque manière qu'il tournât et retournât son projet de loi, il ne le ferait point adopter par le centre gauche, il ne lui est plus resté d'autre ressource que d'avancer vers le côté droit. Aussi, malgré tout ce que cet expédient avait d'amer, il fallut s'y résoudre. Quelle position que celle du ministre du 5 septembre, tendant la main aux hommes qu'il renversa cette journée ! Quelle position, que celle de M. Decazes, obligé d'appeler au conseil du Roi, pour implorer son opinion sur le changement de la loi des élections, ce même M. Lainé, qui, naguères, fut éloigné du conseil par l'influence de M. Decazes, et cela pour avoir persisté à maintenir la nécessité du changement. Ah ! croyons que ce n'est pas sans de dures nécessités que l'on se soumet à de si rigoureuses humiliations. Depuis sa sortie du ministère, M. Lainé paraît avoir oublié qu'il est, lui aussi, un des coupables du 5 septembre. S'il réussissait pleinement au gré de ses vœux d'aujourd'hui, le moment pourrait arriver où d'autres se souviendraient pour lui. La composition des conseils privés, convoqués pour achever enfin cette loi, dont le ministère n'avait pas su venir à bout lui tout seul, dut faire pressentir qu'elle offrirait un affreux mélange des vieilles friperies de l'ancien régime, et des lambeaux déchirés du système impérial, le tout ajusté avec la maladresse et la gaucherie du système de 1814. Aussitôt que le conseil privé se mêla de la nouvelle loi, il fut public dans Paris, que ceux des doctrinaires qui avaient coopéré au premier projet, se déchargeaient de toute participation, et par conséquent de toute responsabilité dans le nouveau; et l'on pensa généralement qu'ils étaient bien aises d'avoir trouvé l'occasion de se tirer du fâcheux défilé, où ils s'étaient imprudemment engagés. Les journaux et les députés du côté droit recevaient, avec une froideur superbe, les avances du ministère : les ingrats, tandis qu'on travaillait pour eux, ils restaient dans une attitude hostile ou du moins menaçante. On faisait peu d'attention à quelques écrits, qui, traitant les changemens proposés sous le point de vue théorique, ne tenaient aucun compte de la situation. Le côté gauche, ses écrivains et ses journaux, se préparaient à soutenir le choc avec confiance et ardeur tout ensemble, comme il convient quand on a pour soi la véritable force et le bon droit.

Cependant les conseils privés ne s'accordaient pas mieux que le conseil ordinaire; formés d'élémens au fond très-incohérens, quoiqu'ils offrissent, dans la circonstance, une apparente analogie, on y tombait d'accord sur les bases, mais l'on se divisait sans cesse sur les principaux moyens. Ces discussions, ces tâtonnemens, ces hésitations allaient reproduire les incertitudes et les délais qui venaient de déconsidérer le cabinet ministériel ; ils finirent par amuser le public, et l'on commença d'espérer qu'on n'en finirait pas. Quelques personnes acceptèrent l'espoir de ce moyen de salut qui en valait bien un autre. On consentit donc à plaisanter avec des choses aussi sérieuses. C'est alors que le ministère prit un parti désespéré. Il fit annoncer officiellement à la Chambre la communication de ses projets pour la séance du 14 février. C'était 48 heures de délai qu'il se donnait encore, et la loi n'était point terminée, comme le président du conseil est venu l'avouer à la tribune, le jour de la présentation. Mais probablement que le ministère sentit que la chose allait passer du sévère au plaisant, et, pour éviter ce fatal écueil, il traça autour de soi le cercle de Popilius.

C'est dans cet intervalle que tomba sur nous,

comme la foudre , le cruel événement qui compromet les destinées et les libertés de la France !

Dès ce jour , tout se trouve changé, et il faudra beaucoup oublier et beaucoup pardonner au chef du dernier ministère, puisque, dans cette crise horrible, il n'a pas désespéré de nous sauver, puisqu'il nous a sauvé en effet du retour de 1815. Aussi, je ne veux point examiner s'il y eut de la convenance à venir apporter à la Chambre , avec la nouvelle d'un affreux assassinat, une loi constitutionnelle encore inachevée, et, à son appui, une accusation de meurtre contre une portion toute entière de la France. Ministre infortuné plutôt que coupable, vous cédiez à l'égarement de la douleur physique , en motivant sur un poignard votre système électoral et vos lois d'exception ; et c'est ainsi que vous aidiez vous-même à déchaîner cette tempête d'atrocité et de démence qui est venu tout-à-coup étonner l'Europe et frapper la France d'épouvante.

On sait le reste. M. Decazes s'est retiré; mais sa loi d'élection nous demeure. Le nouveau ministère s'est porté son héritier pur et simple, il n'a point voulu user du bénéfice d'inventaire. Tous les hommes qui le composent faisaient partie de ces conseils privés, où s'est élaboré définitivement le nouveau système électoral. Il est doncleur ouvrage, ils le défendront. En vérité, c'est fort heureux pour lui, car probablement ils seront les seuls. Ce plan , qu'il n'entre point dans mon sujet d'examiner, puisque je ne me suis proposé que de tracer l'histoire des circonstances politiques qui ont précédé, amené et suivi le système électoral actuellement existant, ce plan sera discuté à fond dans les Chambres, puisqu'on les contraint à délibérer là-dessus. Le public s'en est fort peu occupé, soit qu'il le comprenne peu, soit qu'il refuse de prendre au sérieux cette œuvre d'incohérence, *rudis indigestaque moles*. Les théoriciens politiques, désappointés de ne voir réaliser aucune de leurs chimères, se retirent tout confus. Les hommes du côté droit sont tout-à-fait mécontens de ne voir point adopter leur système. On leur offre un palliatif, et ils sentent fort bien que, dans leur position, il faut, sous peine de la vie, leur administrer un remède *radical*. Ceux d'entre eux qui ont l'esprit élevé, ne peuvent s'empêcher d'éprouver une sorte d'indignation, à l'aspect de cette disposition, j'oserai dire déloyale, qui, avec une précaution vraiment suspecte, éloigne si soigneusement l'urne électorale des yeux des électeurs, pour la confier, sans contrôle, aux mains des fonctionnaires nommés par le gouvernement. On a besoin de dire qu'on a meilleure opinion de la probité des rédacteurs du projet de loi, qu'une pareille disposition ne devrait naturellement l'inspirer. S'il s'agissait uniquement des présidences des colléges, on concevrait tout. Il y a, dans ces fonctions, une influence de direction, une vraie candidature ; mais les scrutateurs, mais les secrétaires..... Certes, on n'aurait jamais songé à la méfiance ; vous verrez qu'on réussira à la faire naître.

Quant aux défenseurs de l'ancienne loi, ils remarquent dans la nouvelle précisément tous les vices dont ils admiraient l'absence dans l'autre; savoir, défaut d'unité dans le plan, incohérence dans les détails. Deux esprits semblent l'avoir dictée, l'un qui conserve tout ce qu'il peut des débris de l'ancienne loi, l'autre qui agrandit immodérément l'influence du pouvoir et des intérêts aristocratiques, déjà si largement représentés et défendus dans la Chambre des pairs et par le Gouvernement. Cette simplicité si précieuse, si admirable de la loi actuelle, a été ridiculement censurée dans l'*Exposé des motifs*, écrit d'ailleurs, en général, avec une adresse et une habileté dignes d'un meilleur sujet. Le nouveau projet est sans doute tout-à-fait à l'abri du reproche de simplicité ; car on ne pouvait rien imaginer de plus compliqué, de plus confus, d'une exécution plus difficile et sujette à plus d'inconvéniens. Ses nombreuses dispositions exigeront un volume d'interprétations ministérielles, qui viendront encore embrouiller la matière, et prêteront à une foule d'abus et d'usurpations de pouvoir. Les deux tiers des électeurs comprendront à peine la loi des élections, et il faudra être légiste consommé pour en posséder toutes les applications. Enfin, la nouvelle loi viole la Charte , et par une escobarderie qu'on s'étonnera d'entendre proférer à la tribune , sous prétexte d'obéir à la Charte , qui veut que les députés siègent durant cinq ans, on prolonge leurs pouvoirs pour dix ans, au mépris de ses plus solennelles et de ses plus claires dispositions (1).

Sans parler de la faveur inconstitutionnelle et peut-être impolitique acccordée à la grande propriété , de la violation , par une défiance injurieuse au commerce , de certains droits acquis , et de plusieurs autres dispositions non moins blâmables , voilà un léger aperçu des vices que le cri de l'opinion a signalés dès le premier jour, dans le nouveau projet de loi d'élection. Je n'ai pas cru devoir insister sur sa discussion, parce que, comme je l'ai dit , ce n'est pas dans son contenu que réside,

---

(1) « Les députés seront *élus* pour cinq ans, et de manière que la Chambre soit renouvelée chaque année par cinquième » (*Charte Constitutionnelle* , art. 37). On voit que la Charte dit *que les députés seront élus* pour cinq ans, et non qu'ils *siégeront cinq ans.* On n'a jamais douté que la dissolution n'eût pour effet d'anéantir les pouvoirs et les droits des élus. D'ailleurs, avec la nouvelle loi, le Roi ne sera pas dessaisi du pouvoir de dissoudre la Chambre, dès la première, dès la seconde année ; et alors, pas plus qu'aujourd'hui, les députés n'auront *siégé* cinq ans. Voyez là-dessus l'exemple de l'Angleterre, où plutôt que chacun consulte sa conscience, et qu'il juge s'il y a de la bonne foi dans l'objection.

selon moi, la question du moment ; elle est toute entière dans l'ancienne loi des élections, qu'on veut nous arracher, et que nous défendons comme on défend sa vie. Celle qu'on vient d'apporter à la Chambre des députés, serait cent fois mieux combinée, qu'on la repousserait non moins vivement que celle qu'on nous présente. Tout, dans ce moment, serait reçu avec méfiance : on connaît ce que l'on a, l'on en est satisfait, on veut le conserver ; gardez vos funestes améliorations, déjà elles ont ouvert l'abîme sous nos pas.

Mais si nous avons dû être alarmés sur le sort d'une institution si précieuse, nous devons maintenant reprendre confiance ; l'opinion qui s'est si unanimement prononcée au dehors, s'est aussi énergiquement manifestée au sein de la Chambre. La dernière crise, en menaçant avec violence tous les intérêts, toutes les existences politiques, que le système modéré du Gouvernement avait ralliés à lui, a fait sentir aussi, et plus vivement, plus universellement, la nécessité d'une ancre en état de résister à toutes les fureurs des tempêtes oligarchiques : cette ancre c'est la loi des élections. M. Decazes avait pu se flatter d'obtenir, dans la Chambre des députés, une majorité de huit à dix voix ; mais ces voix appartenaient exclusivement à des hommes que leurs liaisons personnelles et leur solidarité politique attachaient à la fortune de M. Decazes. Indubitablement elles vont se porter dans les rangs des défenseurs de la loi des élections, qui ne refusera pas l'abri de sa protection à des enfans égarés. Ainsi donc, il faudra reculer devant la majorité, car la dissolution n'est plus aujourd'hui un moyen qui soit à l'usage des ennemis de la loi des élections; ils savent trop bien qu'elle leur renverrait une majorité tout autrement énergique et bien plus décisive que celle qui existe actuellement. Je ne parle pas de ce qu'on a indiqué sous le nom de *moyens extrêmes*, car je ne me permets pas davantage de les supposer contre la Charte que contre le Roi; et dans les deux cas, leur hypothèse me semble également un sacrilége politique. Il est impossible, à nos adversaires, de sortir du défilé où ils se trouvent placés. Pour nous, nous occupons une position inexpugnable : gardons-la fidèlement, et la loi des élections restera debout, et la France triomphera, et la liberté sera sauvée.

IMPRIMERIE DE BAUDOUIN FRÈRES

RUE DE VAUGIRARD, N° 36.